명심
보감

KB131736

명심보감

초판 1쇄 인쇄 | 2008년 7월 25일
초판 1쇄 발행 | 2008년 8월 10일

펴낸곳 | 움터미디어

등록 | 1995.09.22(제401-6-0288호)
주소 | 서울시 동대문구 용두2동 722-8
전화 | 02-926-4094 팩스 | 02-926-4097

ⓒ 움터미디어 2006 Printed in KOREA
ISBN 89-86755-14-9 13720

값 6,000원

* 저자와 협의하여 인지는 붙이지 않습니다.
* 잘못 만들어진 책은 바꾸어 드립니다.

명심보감

명심보감(明心寶鑑)은 마음을 밝혀주는 보배로운 거울이라는 뜻을 가지고 있습니다.

시대의 변화에 따라 변하는 것은 진리가 아니듯이 명심보감이야말로 세상이 아무리 변해도 인간의 근본인 올바른 양심을 지켜줄 수 있는 지혜의 양서입니다.

명심보감의 원문은 명나라 학자 범립본(范立本)이 엮었습니다.

방대한 원본의 분량을 고려 고려 충렬왕 때 학자 추적(秋適) 선생이 오늘의 초략본(抄略本)으로 정리하여 지금까지 가장 오래 되고, 또한 많이 읽혀지는 고전이 되었습니다.

한문 공부를 하고자 하는 독자분을 위해

현대적 해설과 함께 원문을 쉽게 이해하기 위해 그림으로 표현했으므로 한문학습에 큰 도움이 되리라 생각합니다.

독자 여러분께서 이 책을 통하여 삶에 희망과 지혜를 얻는 계기가 되기를 바랍니다.

편집자

■ 목 차 CONTENTS

공자가 말하기를, 착한 일을 하는 자는 하늘이 복으로써 갚아 주고, 악한 일을 하는 자는 하늘이 화로써 갚아 주느니라.

子曰, 爲善者는 天報之以福하고
자왈   위선자   천보지이복

爲不善者는 天報之以禍니라.
위불선자   천보지이화

낱말풀이

孔子(공자) : (B. C. 552~497). 이름은 (丘). 춘추 시대 노(魯) 나라에서 태어나 인(仁)을 근본 사상으로 윤리 도덕에 기초한 유교(儒敎)의 교조가 되어 많은 경서를 주해하고, 제자들과의 문답을 내용으로 하는 논어(論語)가 전함.

爲善者(위선자) : 선행(善行)을 하는 사람

不善者(불선자) : 착하지 못한 사람, 악한 일을 하는 사람.

8

경행록에 이르기를, 은혜와 덕을 많이 베풀어라. 세상 살다보면 반드시 만나기 마련이다. 옛말에 원수는 외나무다리에서 만난다고 했다.

景行錄에 曰,
경 행 록   왈

恩義를 廣施하라, 人生何處不相逢이랴.
은 의   광 시   인 생 하 처 불 상 봉

讐怨을 莫結하라. 路逢狹處면 難回避니라.
수 원   막 결   노 봉 협 처   난 회 피

낱말풀이

景行錄(경행록) : 송(宋)나라 때의 책으로 떳떳하고 밝은 행위를 하라고 가르침.

恩義(은의) : 은혜와 의리. 人生(인생) : 사람이란 뜻이나 여기서는 「사람이 살아간다」로 해석함.

讐怨(수원) : 원수. 路逢(노봉) : 길에서 만남. 回避(회피) : 피해서 돌아감.

장자가 말하기를, 남이 나에게 착하게 대하는 사람은 물론이고 설사 악하게 대하는 사람이라도 원수로 대하지 말고 선한 마음으로 대하라.

莊子 曰,
장 자 왈

於我善者도 我亦善之하고
어 아 선 자   아 역 선 지

於我惡者도 我亦善之니라.
어 아 악 자   아 역 선 지

我既於人에 無惡이면 人能於我에 無惡哉인저.
아 기 어 인   무 악   인 능 어 아   무 악 재

낱말풀이

於(어조사 어) 旣(이미 기) 哉(어조사 재)

於我善者(어아선자) : 나에게 잘해 주는 사람.

於我惡者(어아악자) : 나에게 악하게 하는 사람.

善

悪

13

동악성제의 훈계에 이르기를, 하루 동안에 착한 일을 한다고 바로 복을 받는 것은 아니나 악한 재앙은 멀어지고, 반대로 악한 일을 했다고 해서 바로 불행이 오는 것은 아니다. 다만 착한 일을 한 사람은 봄의 풀과 같이 자라는 것이 보이지 않아도 복은 날마다 쌓여가고 악한 일을 한 사람은 칼을 가는 숫돌처럼 날마다 조금씩 닳아진다.

東岳聖帝垂訓에 曰,
동 악 성 제 수 훈   왈

一日行善이면 福雖未至하나 禍自遠矣요
일 일 행 선   복 수 미 지   화 자 원 의

一日行惡이면 禍雖未至하나 福自遠矣니라
일 일 행 악   화 수 미 지   복 자 원 의

行善之人은 如春園之草하여
행 선 지 인   여 춘 원 지 초

不見其長이라도 日有所增하고,
불 견 기 장   일 유 소 증

行惡之人은 如磨刀之石하여
행 악 지 인   여 마 도 지 석

不見其損이라도 日有所虧니라.
불 견 기 손   일 유 소 휴

東岳聖宰(동악성재) : 도가(道家)에서 받드는 신(神) 垂訓 (수훈) : 내린 훈계. 雖(비록 수) : 비록 ~할지라도 未(아닐 미) : 아직 하지 아니함. 춘원(春園) : 봄 동산 磨刀之石(마 도지석) : 칼 가는 돌, 칼 가는 숫돌. 日(날 일) : 날마다의 뜻. 所(바소) : 하는 바. 損(덜 손) : 덜다, 줄이다. 虧(이지러 질 휴) : 이지러짐. 한 부분이 떨어져 없어짐.

15

마원이 말하기를
한평생 선을 행하여도 선은 오히려 부족하고
하루동안 악을 행하여도 악은 오히려 스스로
남음이 있느니라

馬援이 曰, 終身行善이라도 善猶不足이요
마 원　　　왈　　종 신 행 선　　　　　　선 유 부 족

一日行惡이라도 惡自有餘니라
일 일 행 악　　　　악 자 유 여

낱말풀이

終身(종신) : 일생을 마칠때까지. 일평생.

猶(오히려 유) : 오히려. 생각하는 바와는 달리.

有餘(유여) : 남음이 있음.

16

공자가 말하기를
착한 일을 보거든 아직 부족한 것과 같이 하고
악한 일을 보거든 끓은 물을 만지는 것과 같이
하라

子曰, 見善如不及하고
자 왈   견 선 여 불 급

見不善如探湯하라
견 불 선 녀 탐 탕

낱말풀이

及(미칠 급)

探(찾을 탐)

湯(끓을 탕)

不及(불급) : 미치지 못함.

探湯(탐탕) : 끓은 물에 손을 댐.

　강태공이 말하기를, 착한 것을 보거든 마치 목마른 사람이 물을 본 것처럼 주저하지 말고 행하고, 악한 것을 듣거든 마치 귀먹은 것처럼 못들은 체 하라. 또 말하기를, 착한 일은 탐내서 자기도 행하도록 하고 악한 일은 절대로 즐겨 하지 말라.

太公이 曰,
태 공　　왈

見善如渴하고 聞惡如聾하라.
견 선 여 갈　　　문 악 여 롱

又曰, 善事는 須貪하고 惡事는 莫樂하라.
우 왈　선 사　　수 탐　　　악 사　　막 락

낱말풀이

太公(태공) : 지금의 중국 산동성에서 출생. 주나라 무왕 (武王)을 도와 은(殷)나라를 멸망시킨 정치가요, 병략가 (兵略家) 태공망(太公望)이라고 함. 또는 강태공이라고 함. 如渴(여갈) : 목 마를 때 물을 찾듯이 함. 여롱(如聾) : 귀먹어리같이 들어도 못 들은 척함. 須(모름지기 수) : 모름지기. 莫(말 막) : 금지사(禁止辭)「하지 말라」는 뜻.

　　사마온공이 말하기를, 돈을 모아 자손에게 남겨준
다 해도 그 자손이 반드시 이 재산을 지키지 못할 것
이고, 책을 모아 자손에게 남겨준다 해도 그 자손들
이 반드시 다 읽지 못할 것이니, 차라리 남모르는 가
운데 음덕을 쌓아, 이것으로 자손을 위한 계책으로
삼느니만 못하다.

司馬溫公이 曰,
사 마 온 공　　　왈

積金以遺子孫이라도　未必子孫이　能盡守요
적 금 이 유 자 손　　　　미 필 자 손　　能盡守요

積書以遺子孫이라노　未必子孫이　能盡讀이니
적 금 이 유 자 손　　　　미 필 자 손　　능 진 독

不如積陰德於冥冥之中하여　以爲子孫計니라.
불 여 적 음 덕 어 명 명 지 중　　　　이 위 자 손 계

司馬溫公(사마온공):북송(北宋)때 정치가이며 학자다. 積金(적금):돈을 모음. 遺(끼칠 유):끼치다. 남겨주다. 未必(미필):반드시…하는 것은 아니다. 能(능할 능):능히, 잘. 積書(적서)책음 모음. 不如(불여):하는 것만 못하다. 陰德(음덕):남이 모르는 덕행. 명명지중(冥冥之中):나타나지 않는 가운데. 남이 알지 못하는 가운데.

以爲(이위):…로써 …삼다. 計(계):꾀, 계획, 계교.

소열이 말하기를 악한 일이 아무리 작은 일이라도 하지 말고, 착한 일은 아무리 작은 일이라도 하지 않아서는 안 된다 하였다.

漢昭烈이 將終에 勅後主 曰,
한 소열　　장종　　칙 후주　왈

勿以惡小而爲之하고,
물 이 악 소 이 위 지

勿以善小而不爲하라.
물 이 선 소 이 불 위

낱말풀이

漢昭烈(한소열) : 촉한(蜀漢)의 소열 황제. 삼국지에 나오는 유비(劉備)다. 將終(장종) : 임종, 사람이 숨이 끊어질 때. 勅(칙서 칙) : 임금이 내리는 글.

後主(후주) : 뒤를 이은 군주 여기서는 소열황제의 아들인 선(禪)을 말함. 勿(말 물) : 하지 말라.

而(말이을 이) : …해서 …하여.

爲之(위지) : 무엇을 함. 무엇을 행함.

작은 **악한 일**

작은 **착한 일**

동악성제가 내린 훈계에 말하기를, 하루 착한 일을 행하면 비록 금시에 복이 오는 것은 아니지만 재앙은 저절로 멀어지고, 하루 악한 일을 행했다고 해서 비록 금시에 재앙이 오는 것은 아니지만 복은 저절로 멀어진다.

東岳聖帝 垂訓에 曰,
동악성제 수훈 왈

一日行善이면 福雖未至나 禍自遠矣요,
일일행선 복수미지 화자원의

一日行惡이면 禍雖未至지만 福自遠矣니라.
일일행악 화수미지 복자원의

낱말풀이

垂訓(수훈) : 내린 훈계. 雖(비록 수) : 비록. ~할지라도.
未(아닐 미) : 아직....하지 아니함. 所(바 소) : 하는 바.
磨刀之石(마도지석) : 칼을 가는 돌. 숫돌.
損(덜 손) : 덜다. 줄이다. 虧(이지러질 휴) : 이지러짐. 한부분이 떨어져 없어짐.

공자가 말하기를, 하늘의 이치에 순종하는 사람은 살고, 하늘의 이치를 거역하는 사람은 망한다.

子曰,
자 왈

順天者는 存하고 逆天者는 亡이니라.
순 천 자   존   역 천 자   망

낱말풀이

順天(순천) : 하늘 이치에 따른다. 즉, 옳은 도리에 따른다.
逆天(역천) : 옳은 이치에 반역한다.

　현제가 내린 훈계에 말하기를, 사람들끼리 사사로이 하는 말이라도 하늘이 들을 때는 천둥 소리처럼 크게 들리고, 어두운 방안에서 제 마음을 속이는 일이라도 신령의 눈으로 볼 때에는 번개와도 같이 밝게 보이는 것이다.

玄帝 垂訓에 曰,
현제 수훈 왈

人間私語이라도 天聽은 若雷하고
인간 사 어 　천 청 　약 뢰

暗室欺心이라도 神目은 如電이니라.
암 실 기 심 　신 목 　여 전

낱말풀이

玄宰(현재) : 도가를 받들어 모시는 신.

私語(사어) : 사사로운 말. 若雷(약뢰) : 우레 소리와 같음.

欺心(기심) : 양심을 속이다.

如電(여전) : 번개와 같다.

29

오이를 심으면 오이가 나고, 콩을 심으면 콩이 나니, 하늘이 넓고 넓어서 엉성한 듯하지만 결코 죄진 사람이 빠져나가지는 못한다.

種瓜得瓜요 種豆得豆니,
종 과 득 과   종 두 득 두

天網이 恢恢하여 疎而不漏니라.
천 망   회 회   소 이 불 루

낱말풀이

種瓜得瓜(종과득과) : 오이씨를 심으면 오이가 열린다.

天網(천망) : 하늘의 그물. 악한 사람을 잡는 하늘의 그물.

恢恢(회회) : 넓고 넉넉한 모양.

疎(성길 소) : 촘촘하지 못하다. 성기다.

疎而不漏(소이불루) : 성기어도, (촘촘하지 못해도) 새 나가지 못함.

30

하늘이 넓고
넓지만…

13 사람 마음 속에는

강절소선생이 말하기를, 하늘은 아무 소리가 없으니 푸르고 푸른 곳에서 하늘을 찾겠는가? 하늘은 높은 곳에도 있지 아니하고 먼 곳에 있는 것도 아니며 다만 우리 마음속에 있다 하겠다.

康節邵先生이 曰,
강절소선생　왈

天聽이 寂無音하니 蒼蒼何處尋고.
천청　　적무음　　창창하처심

非高亦非遠이라 都只在人心이니라.
비고역비원　　도지재인심

낱말풀이

康節邵先生(강절소선생) : 北宋(북송)의 학자로 이름은 옹(雍)이고 康節(강절)은 그의 시호다. 天聽(천청) : 하늘의 들음. 蒼蒼(창창):푸르고 푸름. 尋(찾을 심) : 찾음.
亦(또 역) : 또한 역시. 都(도읍 도, 모두 도) : 모두 다.
只(다만 지) : 다만.

32

익지서에 말하기를, 악한 마음이 가득하면 하늘에서 반드시 벌을 준다.

益智書에 云,
익 지 서   운

惡罐이 若滿이면 天必誅之니라.
악 관   약 만   천 필 주 지

낱말풀이

益智書(익지서) : 송(宋)나라 때 간행된 교양서적.

惡罐(악관) : 罐은 「두레박」의 뜻. 「나쁜 마음」을 뜻한다.

若(같을 약) : ~할 것 같으면. 誅(벨 주) : 베어 죽임.

장자가 말하기를, 악한 행동을 하므로 세상에 알려지는 자는 다른 사람이 그를 해치지 않는다 해도 하늘이 반드시 그 사람을 죽인다.

莊子 曰,
장 자 왈

若人이 作不善하여 得顯名者는
약 인   작 불 선   득 현 명 자

人雖不害나 天必戮之이니라.
인 수 불 해   천 필 육 지

낱말풀이

作不善(작불선):착하지 못한 일을 한다. 악한 짓을 함.

顯(나타낼 현):나타냄. 드러내다.

得顯名(득현명):이름을 세상에 들어내게 되다.

戮(죽일 륙):죽임. 벌을 내림.

16 사람을 이롭게 하는 말은

사람을 이롭게 하는 말은 솜처럼 따뜻하고 사람을
해치는 말은 가시처럼 날카롭다. 사람을 유익하게
하는 한마디 말은 그 중한 값이 천금이나 되고, 사
람을 해치는 한마디 말은 아프기가 칼로 베는 것과
같다.

利人之言은 煖如綿絮하고
이 인 지 언   난 여 면 서

傷人之言은 利如荊棘이니라.
상 인 지 언   이 여 형 극

一言利人에 重值千金이요,
일 언 이 언   중 치 천 금

一語傷人에 痛如刀割이니라.
일 어 상 인   통 여 도 할

낱말풀이

利人(이인) : 사람을 이롭게 한다.

綿絮(면서) : 솜. 利(날카로울 리) : 날카로움.

荊棘(형극) : 가시. 値(값 치) : 값. 가치.

刀割(도할) : 칼로 베다.

경행록에 이르기를, 정해진 재앙을 다른 방법으로 피할 수 없고 주어진 복을 놓치면 두 번 다시 오지 않는다.

景行錄에 云,
경 행 록   운

禍不可倖免이요 福不可再求니라.
화 불 가 행 면   복 불 가 재 구

낱말풀이

景行錄(경행록) : 송나라 때 교양서적.

云(이를 운) : 이르다. 말하다.

倖(효행 행) : 요행(僥倖). 뜻밖에 얻는 행복.

免(면할 면) : 면함. 벗어나다.

再(두 번 재) : 다시. 두 번. 재차.

시기를 만나면 바람이 등왕각으로 불어주고 운이
나쁘면 벼락이 천복비를 친다.

時來에 風送滕王閣이요,
시 래   풍 송 등 왕 각

運退에 雷轟薦福碑라.
운 퇴   뇌 굉 천 복 비

낱말풀이

時來(시래) : 때가 되다. 적기(適期)가 되다.

滕王閣(등왕각) : 중국 양자강유역에 있는 누각이름.

運退(운퇴) : 운수가 물러감.

雷轟(뇌굉) : 우레소리가 남. 벼락이 치다.

薦福碑(천복비) : 비석 이름.

열자가 말하기를, 우둔하고 어리석으면 귀가 들리지 않으며 말을 하지 못하고 질병이 있다 해도 가정은 부자일 수 있고 지혜와 총명은 있으나 오히려 가난할 수도 있다. 해와 달과 일과 시가 각각 이미 정해져 있으니 결국 모든 것이 운명적이며 사람에게서 시작된 것이 아니다.

列子曰,
열 자 왈

痴聾痼癌도 家豪富요
치 롱 고 아   가 호 부

智慧聰明도 却受貧이라.
지 혜 총 명   각 수 빈

年月日時該載定하니
연 월 일 시 해 재 정

算來由命不由人이니라.
산 래 유 명 불 유 인

列子(열자) : 중국 전국시대(戰國時代) 정(鄭)나라 사람.
「列子」는 존칭이다. 그의 저서 열자 8권 있음. 痴(어리석
을 치) : 어리석음. 聾(귀먹을 롱) : 귀가 먹음. 귀머거리.
痼(고질 고) : 고질, 고질병자. 痖(벙어리 아) : 벙어리. 却(물
리칠 각) : 도리어. 該(모두 해) : 그해. 載(실을 재) : 처음부
터. 算來(산래) : 점괘로 나타남. 따지고 보면.

45

시경에 말하기를, 아버지는 나를 낳으시고, 어머니는 나를 기르셨네. 아! 슬프도다. 부모님이시여! 나를 낳아 기르시느라 애쓰시고 고생하셨네. 그 은덕 갚으려면 높은 하늘처럼 끝이 없도다.

詩에 曰,
시   왈

父兮生我하시고 **母兮鞠我**하시니
부혜생아   모혜국아

哀哀父母여 **生我劬勞**하셨다.
애애부모   생아구로

欲報之德인대 **昊天罔極**이로다.
욕보지덕   호천망극

낱말풀이

兮(어조사 혜). 鞠(기를 국) : 기르다.

哀哀(애애) : 아, 슬프다. 劬勞(구로) : 애쓰고 수고함.

欲報(욕보) : 갚고자 함. 昊天(호천) : 넓은 하늘.

罔極(망극) : 다 함이 없음. 끝이 없음.

공자가 말하기를, 부모가 계실 때에는 먼 곳에 가 있지 말아야 하며 놀 때에는 어디에 있는가를 분명하게 말해야 한다.

子曰,
자 왈

父母在하시거든
부 모 재

不遠遊하며 **遊必有方**이니라.
불 원 유   유 필 유 방

낱말풀이

在(있을 재) : 계시다. 생존하다.

遠遊(원유) : 학문, 수학 등을 위하여 먼 곳에 감. 멀리 여행함.

有方(유방) : 방위가 있음. 위치가 분명하다.

공자가 말하기를, 효자가 부모님을 섬김에 보통 거처할 때엔 공경을 다하고, 봉양할 때는 즐거운 마음으로 즐겁게 해드리고, 병이 드셨을 때에는 지극히 조심하는 마음을 다하고, 부모가 돌아가셨을 때에는 슬픔을 다하고, 제사를 지낼 때에는 그 엄숙한 마음을 다해야 한다.

子曰,
자 왈

孝子之事親也에 居則致其敬하고
효자 지 사 친 야   거 즉 치 기 경

養則致其樂하고 病則致其憂하고
양 즉 치 기 락   병 즉 치 기 우

喪則致其哀하고 祭則致其嚴이니라.
상 즉 치 기 애   제 즉 치 기 엄

낱말풀이

事親(사친) : 부모를 섬김.

居(살 거) : 거처함을 말함. 養(기를 양) : 봉양함.

憂(근심 우) : 근심하고 걱정함.

  강태공이 말하기를, 자기가 부모에게 효도하면 자기 자식도 역시 자기에게 효도하나니 이 몸이 이미 효도하지 못했으면 자식이 어찌 효도하기를 바라리오.

太公이 曰,
태공   왈

孝於親이면 子亦孝之하나니
효 어 친   자 역 효 지

身旣不孝면 子何孝焉이리오.
신 기 불 효   자 하 효 언

낱말풀이

於(어조사 어) : …에게.

親(친할 친, 어버이 친) : 어버이, 부모.

身(몸 신) : 자기 자신.

何(어찌 하) : 어찌…하리오. 어찌…할 것인가.

53

공자가 말하기를, 모든 사람들이 좋아할지라도 반드시 살피고, 모든 사람들이 싫어하더라도 반드시 살펴보아야 한다.

子曰,
자 왈

衆이 好之라도 必察焉하며
중   호지   필 찰 언

衆이 惡之라도 必察焉이니라.
중   오지   필 찰 언

낱말풀이

衆(무리 중):뭇사람, 여러 사람.

焉(어조사 언):지정의 뜻을 나타내는 조사.

惡(미워할 오):미워한다는 뜻일 때는 음이 〈오〉이다

55

태공이 말하기를, 근면함은 값을 매길 수 없는 보배이며, 조심함은 몸을 보호하려고 지니고 있는 부적과 같은 것이다.

太公이 曰,
태공   왈

勤爲無價之寶요,
근 위 무 가 지 보

愼是護身之符니라.
신 시 호 신 지 부

낱말풀이

勤(부지런할 근) : 부지런함.

無價(무가) : 값을 정할 수 없을 정도로 귀중함.

愼(삼갈 신) : 삼가다. 조심하다.

是(이 시) : 이것. 곧.

符(부적 부) : 부적.

태공이 말하기를, 자신은 귀하게 여기면서 남을 천대하지 말고, 자신이 크다고 생각하여 남에게 작다고 멸시하지 말며, 용감하다고 적을 가볍게 여기지 말라.

太公이 曰,
태공   왈

勿以貴己而賤人하고 勿以自大而蔑小하고
물 이 귀 기 이 천 인   물 이 자 대 이 멸 소

勿以恃勇而輕敵이니라.
물 이 시 용 이 경 적

낱말풀이

勿以~而…(물이~이…) : ~하다. 해서…하지 말라.

貴己(귀기) : 자신을 귀하게 여김. 賤人(천인) : 남을 천하게 여김. 自大(자대) : 자만함. 蔑小(멸소) : 작은 것을 업신여김.

恃勇(시용) : 용기를 믿음 輕敵(경적) : 적을 가볍게 봄.

58

59

손진인의 양생명에 이르기를, 화를 크게 내면 기운이 성처받게 되며 생각이 많으면 정신적으로 심각한 일이 생긴다. 신경이 피곤해지면 마음도 병들고 기운이 약해지면 병이 온다. 너무 슬퍼하거나 기뻐하지도 말고 음식물을 골고루 섭취하고 밤에 술 취하는 것을 자제해야 하며 특별히 새벽에 성냄을 조심하라.

孫眞人養生銘에 云,
손 진 인 양 생 명   운

怒甚偏傷氣요 思多太損神하며,
노 심 편 상 기   사 다 태 손 신

神疲心易役이요 氣弱病相因이라.
신 피 심 이 역   기 약 병 상 인

勿使悲歡極하고 當令飮食均하며,
물 사 비 환 극   당 령 음 식 균

再三防夜醉하고 第一戒晨嗔하라.
재 삼 방 야 취   제 일 계 신 진

養生銘(양생명):몸과 마음을 건강하게 하는 계명. 偏(치우칠 편):한 쪽으로 치우침. 傷氣(상기):기운을 상하게 함. 太(클 태):심함. 매우. 損神(손신):정신을 손상함. 神疲(신피):정신이 피로함. 心易役(심이역):마음이 쉽게 고달파짐. 마음이 피로해지기 쉬움. 勿使(물사):하지 말라. 시키지 말라. 當令(당령):마땅히…하게 하다. 晨嗔(신진):새벽에 성내는 것.

61

태공이 말하기를, 상대방을 알고 싶으면 먼저 나 자신을 알고 있어라. 남을 해하는 것은 도리어 자신을 해하는 일이니 입으로 피를 남에게 뿌리면 자기 입이 먼저 더러워진다.

太公이 曰,
태공   왈

欲量他人이어든 先須自量하라.
욕 량 타 인   선 수 자 량

傷人之語는 還是自傷이니
상 인 지 어   환 시 자 상

含血噴人이면 先汚其口니라.
함 혈 분 인   선 오 기 구

낱말풀이

量(헤아릴 량) : 헤아리다. 추축하다.
須(모름지기 수) : 모름지기 ~하다. 傷人(상인) : 남을 다치게 함. 汚(더러울 오) : 더러움. 더럽다.
還(돌아올 환) : 오히려. 含血噴人(함혈분인) : 피를 머금고 남에게 뿜어 댐.

63

경행록에 이르기를, 음식이 정갈하면 정신도 맑아
지고, 마음이 맑아지면 잠을 편안하게 잘 수 있다.

景行錄에 曰,
경 행 록   왈

食淡精神爽이요
식 담 정 신 상

心淸夢寐安이니라.
심 청 몽 매 안

낱말풀이

食淡(식담) : 맛이 담백하고 음식을 먹음.

爽(시원할 상) : 마음이 상쾌함.

夢想(몽상) : 잠을 자며 꿈을 꿈.

취중에 말이 적은 사람은 진정한 군자라 할 수 있고, 재물에 관하여 분명한 사람을 대장부라 부른다.

酒中不語는 眞君子요,
주 중 불 어　　진 군 자

財上分明은 大丈夫니라.
재 상 분 명　　대 장 부

낱말풀이

不語(불어) : 말하지 않는다.
君子(군자) : 지덕(知德)을 겸비한 훌륭한 선비.
財(재물 재) : 재물, 재산, 물질.
大丈夫(대장부) : 사내답고 씩씩한 사람.

66

재여가 낮잠 자고 있음을 보고 공자가 말하기를,
썩은 나무에 조각할 수 없으며 썩은 담장에 흙손질
할 수 없다.

宰予가 **晝寢**이어늘 **子曰**,
재여　　주침　　　　자왈

朽木은 **不可彫也**요
후목　　불가조야

糞土之墻은 **不可圬也**니라.
분토지장　　　　불가오야

낱말풀이

宰予(재여) : 춘추시대(春秋時代) 노(魯)나라 사람. 자는 자
아(子我). 재아(宰我). 공자의 문인 중 십철(十哲)의 한 사
람. 晝寢(주침) : 낮잠을 잠. 彫(새길 조) : 새기다. 조각하다.
糞土(분토) : 썩은 흙, 더러운 흙. 墻(담 장) : 담장. 圬(흙손
오) : 흙손, 흙손질을 한다. 朽木(후목) : 썩은 나무.

　　귀로 남의 허물을 듣지 않으며 눈으로 단점을 보
지 않으며 입으로 남의 잘못을 말하지 않아야 군자
라 할 수 있다.

耳不聞人之非하고　目不視人之短하고
이 불 문 인 지 비　　　　목 불 시 인 지 단

口不言人之過라야　庶幾君子니라.
구 불 언 인 지 과　　　　서 기 군 자

**　낱말풀이　**

非(아닐 비) : 그릇됨. 잘못됨. 비행.

短(짧을 단) : 단점, 부족한 점.

過(허물 과) : 허물, 과실.

庶幾(서기) : 거의 비슷함. 가까움.

채백개가 말하기를, 기쁨과 노여움은 늘 마음속에 있으므로 입에서 나오는 말은 항상 신중하게 해야 된다.

蔡伯喈曰,
채 백 개 왈

喜怒는 在心하고 言出於口하니
희 로   재 심   언 출 어 구

不可不愼이니라.
불 가 불 신

낱말풀이

蔡伯喈(채백개) : 후한(後漢) 영제(靈帝)때 학자. 이름 옹(邕). 호는 백개(伯慨). 채중랑집(蔡中粮集) 책 지음. 於(어조사 어) : …에서 …에게.

不可不(불가불) : …아니 할 수 없다.

경행록에 말하기를, 마음은 편하고 몸은 일을 해야 하며 도는 즐길 수 있으나 마음은 걱정케 되니 일을 부지런히 하여 게으름을 물리치고 마음으로 걱정하지 않으면 방탕하게 되어 바른 생활을 할 수 없고 이에 편안함은 일에서 나와 항상 기쁠 수 있고, 즐거움은 근심 속에서 나와 싫증나지 않으니 편안하고 즐거우려는 사람은 걱정과 수고를 어찌 잊을 수 있겠는가?

景行錄에 曰,
경 행 록   왈

心可逸이언정 形不可不勞요
심 가 일   형 불 가 불 로

道可樂이언정 心不可不憂니,
도 가 락   심 불 가 불 우

形不勞則怠惰易弊하고 心不憂則荒淫不定이라.
형 불 로 즉 태 타 이 폐   심 불 우 즉 황 음 부 정

故로 逸生於勞而常休하고 樂生於憂而無厭하나니
고   일 생 어 로 이 상 휴   낙 생 어 우 이 무 염

逸樂者는 憂勞를 豈可忘乎리오.
일 락 자   우 로   기 가 망 호

74

可(옳을 가) : 할 수 있다. 形(형상 형) : 나타난 형체, 「몸」이란 뜻. 不可不(불가불) : …아니 할 수 없다. 怠惰(태타) : 게으름. 易(쉬울 이) : 하기 쉽다. 荒淫(황음) : 주색에 빠짐 常(항상 상) : 항상, 늘. 休(쉴 휴) : 기뻐함, 기쁨. 厭(싫을 염) : 싫어하다. 싫음 逸樂者(일락자) : 마음이 편안하고 도를 즐기는 사람. 豈可忘乎(기가망호) : 어찌 잊을 수 있겠는가?

75

태공이 말하기를, 남의 오이밭에서 신을 고쳐 매지 말고 자두나무 아래에서 갓을 고쳐 쓰지 말라.

太公이 曰,
태공   왈

瓜田에 不納履요 李下에 不正冠이니라.
과전   불납리   이하   부정관

낱말풀이

瓜田(과전) : 오이를 심는 밭.

納履(납리) : 신을 신는 것.

「신을 고쳐 신는 것」으로 해석함.

李(자두, 오얏 리) : 자두, 자두나무.

不正冠(부정관) : 갓을 고쳐 쓰지 말 것.

노는 일은 득이 되지 못하며 다만 부지런함만이
성공할 수 있다.

凡戱는 無益이요
범 희   무 익

惟勤은 有功이니라.
유 근   유 공

낱말풀이

凡(무릇 범) : 무릇.

戱(희롱할 희) : 놀이하다. 유희.

惟(오직 유) : 오직, 오로지…할 뿐.

功(공 공) : 공적, 공로.

78

근사록에 이르기를, 분노하는 마음을 타는 불 끄듯이 하고, 욕심 자제하기를 물을 막듯이 막아야 한다.

近思錄에 云,
근 사 록   운

懲忿을 如救火하고 窒慾을 如防水하라.
징 분   여 구 화   질 욕   여 방 수

낱말풀이

近思錄(근사록) : 송(宋)나라때 주희와 그의 제자 여조겸(呂祖謙)이 함께 편찬한 책.

懲忿(징분) : 분한 마음을 일으키지 않도록 하는 것.

救火(구화) : 불을 끔.

窒慾(질욕) : 욕심을 억제하여 막음.

나를 착하다고 하는 사람은 해로운 사람이며, 나의 나쁜 점을 말해 주는 사람은 나의 스승이다.

道吾善者는 是吾賊이요
도 오 선 자　　시 오 적

道吾惡者는 是吾師니라.
도 오 악 자　　시 오 사

낱말풀이

道吾善者(도오선자) : 나의 선한 점을 말하는 사람.

是(이 시) : 이것, 곧.

賊(도둑 적) : 도둑, 해를 주는 것.

師(스승 사) : 스승, 선생.

　강절소선생이 말하기를, 남의 비방을 들어도 성내지 말며 남의 좋은 소문을 들어도 기뻐하지 말라. 남의 악한 것을 들더라도 이에 동조하지 말며 남의 착한 것을 듣거든 곧 나아가 정답게 하고 또 따라서 기뻐하라.

康節邵先生이 曰,
강절소선생　　왈

聞人之謗이라도 未嘗怒하며
문인지방　　　　미상노

聞人之譽라도 未嘗喜하며
문인지예　　　미상희

聞人之惡이라도 未嘗和하라.
문인지악　　　　미상화

聞人之善이면 則就而和之하고 又從而喜之하라.
문인지선　　　즉미상화지　　　우종이희지

84

낱말풀이

謗(꾸짖을 방) : 헐뜯음, 비방함.

未嘗怒(미상노) : 성내지 않음. 譽(기릴 예) : 칭찬함.

和(화목할 화) : 응한다. 따른다.

就而和之(취이화지) : 나아가 그와 어울린다.

신하 중 누가 두려워하지 않는 사람이 있겠습니까? 이로 보면 왕은 지금까지 수없는 거짓말을 듣고 지내 오신 것 입니다!

85

만족할 줄 아는 사람은 가난하고 천해도 즐겁게 살고 만족할 줄 모르는 사람은 부유하고 귀해도 근심하며 산다.

知足者는 貧賤亦樂이요
지 족 자　　　빈 천 역 락

不知足者는　富貴亦憂니라.
부 지 족 자　　　부 귀 역 우

낱말풀이

貧賤(빈천) : 가난하고 천함.

亦(또 역) : 또한, 역시.

憂(근심 우) : 근심이나 걱정.

86

42 자신에 지나친 생각

　자기 분수에 지나친 생각은 정신을 혼란케 할 뿐이고, 마음 내키는 대로 하는 행동은 화를 자초할 뿐이다.

濫想은 徒傷神이요
남 상　　도 상 신

妄動은 反致禍니라.
망 동　　반 치 화

낱말풀이

濫(넘칠 람) : 넘치다. 함부로 함.
濫想(남상) : 쓸데없는 생각, 외람된 생각.
徒(한갓 도) : 부질없이. 妄動(망동) : 망령된 행동.
反(돌이킬 반) : 도리어.

88

소서에 이르기를, 자신은 베풀지 않고 남에게 후한 대접 받고자 하는 사람은 보답받을 수가 없고, 잘된 후에 가난했던 때를 잊는 사람은 그 잘됨이 오래가지 못한다.

素書에 云,
소서   운

薄施厚望者는 不報하고
박시후망자   불보

貴而忘賤者는 不久니라.
귀이망천자   불구

낱말풀이

薄施(박시) : 박하게 베풀다.

不報(불보) : 보답받지 못함. 而(말이을 이) : 접속사 「그리하고」의 뜻. 忘賤(망천) : 천하게 살았을 때를 잊어버림.

不久(불구) : 오래 가지 못함.

존심편
存心篇

마음속으로 남을 배신하지 않으면 얼굴에 부끄러운 빛이 나타나지 않는다.

心不負人이면 **面無慙色**이니라.
심 불 부 인   면 무 참 색

낱말풀이

負人(부인) : 남을 저버림.
慙色(참색) : 부끄러운 기색.

　자신의 계획이 올바르지 못하면 회개한들 무엇하며 너의 생각이 좋지 못할 때 가르친들 무슨 유익이 있으리오? 모름지기 자신의 이익만을 생각한다면 도리에 빗나갈 것이고, 사사로운 마음을 가지면 공공의 일을 그르치게 된다.

爾謀不臧이면 悔之何及이며
이 모 부 장　　　회 지 하 급

爾見不長이면 教之何益이리오.
이 견 부 장　　　교 지 하 익

利心專則背道요 私意確則滅公이니라.
이 심 전 즉 배 도　　사 의 확 즉 멸 공

낱말풀이

爾(너 이) : 너, 상대를 지칭함. 臧(착할 장) : 착함. 마음이 곱고 어질다. 謀(꾀 모) : 꾀, 꾀하다. 何(어찌 하) : 어찌하리오. 見(볼 견) : 소견(所見). 長(긴 장) : 훌륭한. 보다 우수함. 專(오직 전) : 오로지, 외곬으로 하다. 背道(배도) : 도에 어그러짐. 私意(사의) : 자기만을 위하려는 생각. 確(굳을 확) : 확고하다. 滅公(멸공) : 공공 일을 망치게 함.

처자식을 사랑하는 만큼 부모를 섬긴다면 효도가
지극하다 할 것이고 부귀를 보존하려는 애착된 마음
으로 임금을 받든다면 매사가 충성스러운 일이며 남
의 잘못을 말하는 심정으로 자신의 잘못을 뉘우치면
허물이 적을 것이며 자신에게 관대함을 남에게도 베
풀 때 완전한 교제가 될 것이다.

以愛妻子之心으로 事親則曲盡其孝요,
이 애 처 자 지 심   사 친 즉 곡 진 기 효

以保富貴之心으로 奉君則無往不忠이요,
이 보 부 귀 지 심   봉 군 즉 무 왕 불 충

以責人之心으로 責己則寡過요,
이 책 인 지 심   책 기 즉 과 과

以恕己之心으로 恕人則全交니라.
이 서 기 지 심   서 인 즉 전 교

愛妻子(애처자) : 아내와 자식을 사랑함.

事親(사친) : 어버이를 섬김. 부모에게 효도함. 曲盡(곡진) :
마음과 힘을 다해 극진함. 保(지킬 보) : 보전함 奉君(봉
군) : 임금을 충성스럽게 받든다. 往(갈 왕) : 언제나 寡過
(과과) : 허물이 적음.

恕己(서기) : 자기 자신을 용서함. 全交(전교) : 사귐을 온전
하게 하다.

경행록에 말하기를, 사람의 성품은 물과 같아서 한번 엎질어지면 다시 담을 수 없고, 성품도 역시 한 번 방종해지면 다시 본 마음으로 돌아올 수 없다. 그 렇기 때문에 물을 막으려면 반드시 둑을 쌓아 막아야 하고, 성품을 바로잡으려면 반드시 예법으로 제재해야 한다.

景行錄에 云,
경 행 록   운

人性이 如水하여 水一傾則不可復이요
인 성   여 수   수 일 경 즉 불 가 복

性一縱則不可反이니,
성 일 종 즉 불 가 반

制水者는 必以堤防하고
제 수 자   필 이 제 방

制性者는 必以禮法이니라.
제 성 자   필 이 예 법

낱말풀이

人性(인성) : 사람의 성품. 傾(기울어질 경) : 기울이다.

復(회복할 복) : 회복함. 「다시」의 뜻일 때는 음이 「부」.

縱(놓을 종) : 놓여짐. 방종해짐.

制水(제수) : 물을 제어한다.

한순간의 분노를 참으면 백일 동안의 걱정을 면할
수 있다.

忍一時之憤이면 免百日之憂니라.
인 일 시 지 분   면 백 일 지 우

낱말풀이

忍(참을 인) : 참다.

憤(분할 분) : 분, 분함.

免(면할 면) : 면하다.

경행록에 이르기를, 자기 자신을 낮출 줄 아는 사람은 중요한 지위에 오를 수 있고 항상 이기고자 하는 사람은 언제나 적을 만난다.

景行錄에 云하되,
경행록   운

屈己者는 能處重하고
굴 기 자   능 처 중

好勝者는 必遇敵이니라.
호 승 자   필 우 적

낱말풀이

屈己者(굴기자) : 자기를 굽히는 사람. 남에게 양보하는 사람.

能(능할 능) : 할 수 있다. 處重(처중) : 중요한 지위에 있음.

好勝(호승) : 이기기를 좋아한다. 遇賊(우적) : 적을 만남.

　매사에 후한 인정을 베풀면 후일 좋은 얼굴로 만
날 수 있게 된다.

凡事에 留人情이면,
범 사　　유 인 정

後來에 好相見이니라.
후 래　　호 상 견

낱말풀이

凡事(범사) : 모든 일.

留(머무를 류) : 남겨 둠.

後來(후래) : 장래, 앞으로 오는 날.

好相見(호상견) : 서로 보기가 좋다. 서로 좋은 낯으로 만
나게 됨.

태공이 말하기를, 무릇 사람이 배우지 않고 살아
감은 캄캄한 밤길을 걷는 것과 같다.

太公이 曰,
태 공   왈

人生不學이면 如冥冥夜行이니라.
인 생 불 학   여 명 명 야 행

낱말풀이

冥冥(명명) : 매우 어둡다. 캄캄함.
夜行(야행) : 밤길을 가다.

106

勤學篇
근학편

107

  논어에 말하기를, 배움은 따라가지 못할 것처럼 힘쓰고 이미 배운 것은 오직 잊을까 두려워해야 한다.

論語에 曰,
논어   왈

學如不及이요 惟恐失之니라.
학 여 불 급   유 공 실 지

낱말풀이

論語(논어) : 사서(四書)의 하나. 공자의 언행(言行)을 기록한 책.

不及(불급) : 미치지 못함.

恐(두려워할 공) : 두려워하다. 失(잃을 실) : 잃다.

109

예기에 말하기를, 옥을 다듬지 않고서는 그릇을 만들 수가 없고 사람은 배우지 않고서는 의를 알지 못한다.

禮記에 曰,
예 기   왈

玉不琢이면 不成器하고
옥 불 탁   불 성 기

人不學이면 不知義니라.
인 불 학   부 지 의

낱말풀이

禮記(예기) : 오경(五經)의 하나. 대성(戴聖)이 펴낸 책으로 고대 중국의 제도와 예법 등을 수록한 책.

琢(쫄 탁) : 쪼다. 다듬다. 器(그릇 기) : 그릇.

義

   공자가 말하기를, 지식을 넓히고 올바른 뜻을 세
우고 온전하게 질문하여 뜻을 깨닫고 모든 일에 신
중을 기하고 생각 자체가 건전할 때 인(仁)은 그 가
운데에 있다.

子曰,
자 왈

博學而篤志하고 **切問而近思**면
박 학 이 독 지   절 문 이 근 사

仁在其中矣니라.
인 재 기 중 의

낱말풀이

博學(박학) : 널리 배움.

篤志(독지) : 뜻을 돈독히 함. 뜻을 두터이 하다.

切問(절문) : 깊이 따져 물음. 간절히 물음.

近思(근사) : 높고 먼 이상보다 자기 주변의 가까운 곳을
생각한다. 矣(어조사 의) : …하도다. …하게 될 것이다.

113

한문공이 말하기를, 사람이 과거와 현재를 알지
못하면 말이나 소에 옷을 입힌 것과 다를 바가 없다.

韓文公이 曰,
한 문 공   왈

人不通古今이면 馬牛而襟裾니라.
인 불 통 고 금   마 우 이 금 거

韓文公(한문공) : 이름은 유(愈) 자는 퇴지(退之). 시호는 문
공(文公). 당송팔대가(唐宋八大家)의 한 사람.
古今(고금) : 옛날과 지금. 襟裾 (금거) : 옷깃과 옷자락.

과거 현재

?

엄격한 아버지 밑에 효자가 나고, 엄한 어머니 밑
에는 효녀가 난다.

嚴父는 出孝子하고,
엄 부   출 효 자

嚴母는 出孝女니라.
엄 모   출 효 녀

낱말풀이

出(날 출) : 「길러 내다」란 뜻.

孝女(효녀) : 효도하는 딸.

116

부모는 자식의 거울

117

인간은 모두가 구슬과 옥을 좋아하지만 나는 자손
들이 현명한 것을 좋아한다.

人皆愛珠玉하되 我愛子孫賢이니라.
인 개 애 주 옥　　　아 애 자 손 현

낱말풀이

珠玉(주옥) : 진주와 구슬.

子孫賢(자손현) : 자손이 똑똑함.

장자가 말하기를, 사소한 일이라고 미루면 어떤 일도 이루어지지 않으며 어린 자식을 가르치지 않는다면 사리에 밝지 못하다.

莊子曰,
장 자 왈

事雖小나 不作이면 不成이요,
사 수 소   부 작   불 성

子雖賢이나 不敎면 不明이니라.
자 수 현   불 교   불 명

낱말풀이

雖(비록 수) : 비록 ~할지라도.

不作(부작) : 하지 않는다.

賢(어질 현) : 어질다.

121

지극한 즐거움은 글을 읽는 것만한 것이 없고, 지극히 중요한 것은 자식을 가르치는 것만한 것이 없다.

至樂은 莫如讀書요,
지 락   막 여 독 서

至要는 莫如敎子니라.
지 요   막 여 교 자

낱말풀이

至樂(지락) : 지극한 즐거움.

莫如(막여) : ~와 같은 것이 없다. ~함만 못하다.

至要(지요) : 지극히 요긴하다.

여형공이 말하기를, 안으로 어질고 현명한 부모 형제가 없고 밖으로 엄한 스승과 친구가 없으면 성 공할 사람이 드물다.

呂榮公이 曰,
여 형 공   왈

內無賢父兄하고
내 무 현 부 형

外無嚴師友而能有成者鮮矣니라.
외 무 엄 사 우 이 능 유 성 자 선 의

낱말풀이

呂榮公(여형공) : 중국 북송(北宋) 때 학자.

嚴師友(엄사우) : 엄한 스승과 벗.

鮮(드물 선, 고울 선) : 드물다. 거의 없다.

矣(어조사 의) : …이다. …일 것이다.

부모가 어질어야 하며‥

스승과 벗이 엄하고 진실해야…

125

아버지 마음에 근심 없음은 자식의 효도 때문이고 남편 마음에 번뇌가 없음은 아내가 어진 때문이다. 말 실수는 모두 술 때문이고 의리가 끊어지고 친한 사이가 멀어지는 것은 돈 때문이다.

父不憂心은 因子孝요
부 불 우 심   인 자 효

夫無煩惱는 是妻賢이라.
부 무 번 뇌   시 처 현

言多語失은 皆因酒요
언 다 어 실   개 인 주

義斷親疎는 只爲錢이라.
의 단 친 소   지 위 전

낱말풀이

憂心(우심) : 근심하는 마음. 因(인할 인) : …때문에. 煩惱(번뇌) : 번민해서 마음이 괴로운 것. 是(이 시) : 바로. 語失(어실) : 말을 잘못하다. 義斷(의단) : 의가 끊어지다. 親疎(친소) : 친한 것과 친하지 않은 것. 爲(하, 할 위) : 때문. 이유.

성심편(上)
省心篇

이미 뜻밖의 즐거움을 누리고 있다면 언젠가 다가
올지 모르는 불행을 미리 준비해야 한다.

既取非常樂이어든 須防不測憂라.
기 취 비 상 락   수 방 불 측 우

낱말풀이

非常(비상) : 심상치 않다.

須(모름지기 수) : 모름지기.

不測憂(불측우) : 예측할 수 없는 걱정.

사랑이 지나치면 반드시 낭비도 심해지고 명예가 지나치면 반드시 비방도 심해진다. 기쁨이 지나치면 반드시 근심도 심해지고 뇌물에 욕심이 지나치면 크게 망한다.

甚愛必甚費요 甚譽必甚毁니라.
심 애 필 심 비　　심 예 필 심 훼

甚喜必甚憂요 甚贓必甚亡이니라.
심 희 필 심 우　　심 장 필 심 망

낱말풀이

甚(심할 심) : 심함.
費(허비할 비) : 허비 소모하는 것.
毁(헐 훼) : 헐뜯다.
贓(뇌물받을 장) : 뇌물을 받는 것.

하루 마음이 깨끗하고 한가로우면 그 하루는 신
선 같다.

一日淸閑이면 一日仙이니라.
일 일 청 한   일 일 선

낱말풀이

淸閑(청한) : 깨끗하고 한가함.
仙(신선 선) : 신선.

약으로도 재상의 생명을 고치지 못하며, 돈이 많
아도 자손의 현명함을 얻기는 어렵다.

無藥可醫卿相壽요,
무 약 가 의 경 상 수

有錢難買子孫賢이니라.
유 전 난 매 자 손 현

낱말풀이

可醫(가의) : 고칠 수 있다.

卿相(경상) : 재상(宰相).

難買(난매) : 사기 어려운 것.

공자가 말하기를, 도에 뜻을 두고 나쁜 옷과 나쁜 음식을 부끄러워하는 자는 함께 도를 논할 수 없다.

子曰,
자 왈

士志於道而恥惡衣惡食者는
사 지 어 도 이 치 악 의 악 식 자

未足與議也니라.
미 족 여 의 야

낱말풀이

志於道(지어도) : 도에 뜻을 둠.
惡衣惡食(악의악식) : 좋지 못한 옷을 입고 좋지 못한 음식을 먹는다. 未足(미족) : 족하지 못하다. 넉넉하지 못하다. 與議(여의) : 더불어 의논하다.

밑 빠진 독을 막을 수 있으나 코 아래 입을 단속
하기는 어렵다.

寧塞無底缸이언정
영 색 무 저 항

難塞鼻下橫이니라.
난 색 비 하 횡

(낱말풀이)

寧(편안할 녕. 차라리 녕) : 차라리.

塞(막을 색) : 막다.

無底缸(무저항) : 밑 빠진 항아리.

鼻下橫(비하횡) : 코 밑에 가로로 있는 것. 곧 입을 가리킴.

궁핍하게 살면 아무리 시끄러운 저자 거리에 살아
도 아는 사람이 없고, 부자로 살면 깊은 산속에 살아
도 친척이 찾아온다.

貧居鬧市無相識이요,
빈 거 요 시 무 상 식

富住深山有遠親이니라.
부 주 심 산 유 원 친

낱말풀이

鬧市(요시) : 시끄러운 시장.

無相識(무상식) : 서로 아는 사람이 없다.

住(머무를 주) : 어떠한 곳에 머물러 살고 있다.

遠親(원친) : 먼 친척. 먼 곳에서 찾아오는 친척.

140

황금이 귀한 것이 아니고, 편안하고 즐거운 것이
참으로 가치가 있다.

黃金이 未是貴요,
황 금   미 시 귀

安樂이 値錢多니라.
안 락   치 전 다

未是貴(미시귀) : 그것이 귀한 것이 아님.

値錢(직전) : 값, 값어치.

142

재주가 있는 사람은 재주 없는 사람의 종이고 괴로움은 즐거움의 어머니다.

巧者는 **拙之奴**요
교 자　　졸 지 노

苦者는 **樂之母**니라.
고 자　　낙 지 모

巧者(교자) : 재주있는 사람. 재주.

拙(졸할 졸) : 졸함. 재주가 없음. 서투르다.

苦者(고자) : 괴로움을 당하는 사람.

樂之母(낙지모) : 즐거움의 어머니. 즐거움의 모체.

145

　사향을 가지고 있으면 자연히 향기가 퍼지거늘 어찌 꼭 바람을 맞아 설 것인가.

有麝自然香이어늘
유 사 자 연 향

何必當風立고.
하 필 당 풍 립

낱말풀이

麝(사향 사) : 사향.

自然(자연) : 절로, 저절로.

何必(하필) : 어찌 반드시. …할 것이다.

當風立(당풍립) : 바람을 맞아 서다. 바람받이에 서다.

146

격양시에 이르기를, 평생에 눈 흘길 일을 하지 않으면 세상에 나를 미워할 사람이 없다. 훌륭한 이름을 어찌 돌에 새기랴. 길가는 사람들의 입이 비석보다 낫다.

擊壤詩에 **云,**
격 양 시　　운

平生에 **不作皺眉事**면
평 생　　부 작 추 미 사

世上에 **應無切齒人**이라.
세 상　　응 무 절 치 인

大名이 **豈在鐫頑石**가
대 명　　기 재 전 완 석

路上行人口勝碑니라.
노 상 행 인 구 승 비

낱말풀이

不作(불작) : 짓지 아니함. 하지 않음. 皺眉(추미) : 눈썹을 찌푸림. 應(응할 응) : 응당, 마땅히. 切齒人(절치인) : 분하여 이를 가는 사람. 鐫(새길 전) : 새기다. 頑石(완석) : 완고한 돌. 무딘 돌. 口勝碑(구승비) : 입이 비석보다 낫다.

한 가지 일이라도 경험해 본 일이 없다면 한 가지
지혜도 자라나지 않는다.

不經一事면 不長一智니라.
불 경 일 사   부 장 일 지

낱말풀이

經(지날 경) : 겪다. 경험하다.
長(긴 장) : 자라다.

  배부르고 따뜻하면 음란한 욕심을 가지게 되며 배
고프고 추우면 도의 마음이 발한다.

飽煖에 **思淫慾**하고,
포 난   사 음 욕

飢寒에 **發道心**이니라.
기 한   발 도 심

낱말풀이

飽煖(포난) : 배부르게 먹고 따뜻하게 입는다.

淫慾(음욕) : 음탕한 욕심.

飢寒(기한) : 굶주림과 추위에 떨다.

發(필 발) : 일어남. 생기다. 道心(도심) : 도덕적인 마음.

152

153

  얼굴을 보며 서로 말을 하고 있으나 각 사람 마음
속에는 천개의 산이 가로놓여 있다.

對面共話하되 **心隔千山**이니라.
대면 공화   심 격 천 산

낱말풀이

共話(공화) : 같이 이야기함.

隔(격할 격) : 물건을 가운데 놓아 가로막음.

千山(천산) : 많은 산.

풍간에 이르기를, 깊은 물속의 물고기와 하늘을 높이 나는 기러기를 잡기도 하고 낚을 수 있지만 가장 친하게 지내는 사람일지라도 마음의 깊이를 알 수 없다.

諷諫에 云,
풍 간   운

水底魚天邊雁은 高可射兮低可釣어니와
수 저 어 천 변 안   고 가 사 혜 저 가 조

惟有人心咫尺間에 咫尺人心不可料니라.
유 유 인 심 지 척 간   지 척 인 심 불 가 료

낱말풀이

諷諫(풍간) : 풍자하는 말로 임금을 간함.

水底(수저) : 물 밑. 天邊(천변) : 하늘가.

雁(기러기 안) : 기러기. 咫尺(지척) : 아주 가까운 거리.

料(헤아릴 료) : 헤아리다.

157

　스스로 자신을 믿어야 남들도 나를 믿어 오나라와 월나라 사람이라도 형제와 같고, 자신을 믿지 못하는 사람은 남들도 그 사람을 의심하게 되어 결국 자신 외에는 모두가 적국처럼 된다.

自信者는 人亦信之하나니
자 신 자　　인 역 신 지

吳越이 皆兄弟요,
오 월　　개 형 제

自疑者는 人亦疑之하나니
자 의 자　　인 역 의 지

身外皆敵國이니라.
신 외 개 적 국

낱말풀이

人亦信之(인역신지) : 남들도 역시 그를 믿어준다.

吳越(오월) : 전국시대(戰國時代) 말함.

오(吳)나라와 월(越)나라를 말함.

신외(身外) : 자기 이외의 사람.

159

하늘에는 미리 알 수 없는 비바람이 있으며 사람에게는 아침저녁으로 화와 복이 있다.

天有不測風雨하고 人有朝夕禍福이니라.
천 유 불 측 풍 우   인 유 조 석 화 복

낱말풀이

不測(불측) : 헤아릴 수 없음.

風雨(풍우) : 바람과 비.

禍福(화복) : 재앙과 복록.

공자가 말하기를, 깨끗한 거울은 얼굴을 보게 하고 과거 일은 현재를 알게 한다.

子曰,
자 왈

明鏡은 所以察形이요
명 경   소 이 찰 형

往古는 所以知今이니라.
왕 고   소 이 지 금

낱말풀이

明鏡(명경) : 깨끗한 거울.

所以(소이) : …하는 바.

察形(찰형) : 모양을 살펴보다.

往古(왕고) : 옛날. 예전.

163

경행록에 이르기를, 보화를 사용하면 없어지지만
충성과 효도는 다함이 없다.

景行錄에 云하되,
경행록　　운

寶貨는 用之有盡이요
보화　　용지유진

忠孝는 享之無窮이니라.
충효　　향지무궁

▶ 낱말풀이

有盡(유진) : 다함이 있음.

享(누릴 향) : 누리다.

無窮(무궁) : 다함이 없다.

165

성리서에 말하기를, 사물을 처리하는 요점은 내가
하기 싫은 일은 남에게 요구하지 말 것과 자기가 행
동해서 소득이 없거든 반성해서 자기 몸에 돌이켜
생각해 보아야 한다.

性理書에 云,
성 리 서   운

接物之要는 己所不欲을 勿施於人하고
접 물 지 요   기 소 불 욕   물 시 어 인

行有不得이어든 反求諸己니라.
행 유 부 득   반 구 제 기

낱말풀이

接物之要(접물지요) : 사물(事物)을 접하는 요점. 「타인을
대하는 요점이란」 뜻으로 풀이할 수 있다.

於人(어인) : 남에게.

反求諸己(반구제기) : 돌이켜 자기에게서 원인을 구한다.
곧 자기 반성을 뜻함.

멀리 있는 물로 가까운 불을 끄지 못하고 멀리, 있
는 친척은 가까운 이웃만 못하다.

遠水는 不救近火요,
원 수   불 구 근 화

遠親은 不如近隣이니라.
원 친   불 여 근 린

낱말풀이

不救(불구) : 구원하지 못하다. 불을 끄지 못함.

遠親(원친) : 먼 곳에 사는 친척.

近隣(근린) : 가까운 이웃.

큰 구슬이 보배가 아니고, 촌음을 다투어야 한다.

尺璧非寶요 寸陰是競이니라.
척 벽 비 보   촌 음 시 경

낱말풀이

尺璧(척벽) : 한자 되는 큰 구슬.

寸陰(촌음) : 짧은 시간.

是競(시경) : 그 일을 다툼, 일을 귀중하게 여겨 다루라는
뜻.

귀중한 보배...

171

큰 집이 천 칸이 있어도 잠잘 때에는 여덟 자면 되고 좋은 밭이 아무리 많더라도 하루 두 되만 먹으면 충분하다.

大廈千間이라도 夜臥八尺이요
대 하 천 간　　　　야 와 팔 척

良田萬頃이라도 日食二升이니라.
양 전 만 경　　　　일 식 이 승

낱말풀이

大廈(대하) : 큰 집.

夜臥(야와) : 밤에 누움. 밤에 잠자리에 들다.

萬頃(만경) : 백만 이랑. 무척 넓은 면적을 말함.

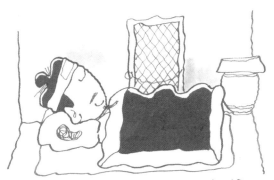

여덟 자의 땅이면 누워 잘 수 있고
하루 두 되의 식량이면 먹고 살 수 있다

한줄기 푸른 산 경치는 아련하고 옛 사람의 논밭
을 뒤의 사람이 갖는다. 뒤의 사람이 가졌다고 기뻐
하지 말라. 다음 그 땅을 소유할 사람이 뒤에 또 있
으니.

一派靑山景色幽러니
일 파 청 산 경 색 유

前人田土後人收라.
전 인 전 토 후 인 수

後人收得莫歡喜하라.
후 인 수 득 막 환 희

更有收人在後頭니라.
갱 유 수 인 재 후 두

낱말풀이

一派(일파) : 한줄기. 한패.
景色(경색) : 경치. 幽(그윽할 유) : 그윽하다. 收得(수득) : 거
두어들인다.
有(있을 유, 또 유) : 또. 後頭(후두) : 바로 뒤.

재물

소동파가 이르기를, 아무 노력도 하지 않고 천금
을 얻으면 큰 복을 얻은 것이 아니라 오히려 큰 재앙
을 만날 것이다.

蘇東坡曰,
소 동 파 왈

無故而得千金이면
무 고 이 득 천 금

不有大福이라 必有大禍니라.
불 유 대 복   필 유 대 화

낱말풀이

蘇東坡(소동파) : 이름은 식(軾). 동파(東坡)는 호. 북송(北
宋) 때 문인으로 당송팔대가(唐宋八大家)의 한사람.
無故(무고) : 아무런 까닭없이.

176

자신의 두레박줄 짧은 것은 생각지 않고 남의 집
우물이 깊어 힘들다고 한다.

不恨自家汲繩短이요,
불 한 자 가 급 승 단

只恨他家苦井深이로다.
지 한 타 가 고 정 심

낱말풀이

不恨(불한) : 한탄하지 않음.

汲繩(급승) : 두레박줄.

苦井深(고정심) : 우물이 깊어서 고생함.

繩(줄 승) : 줄. 노끈.

허경종이 말하기를, 봄에 오는 비는 만물을 기름
지게 하나 진흙길을 사람들은 싫어하고 가을 달빛은
밝으나 도둑은 그 빛을 싫어한다.

許敬宗이 曰,
허 경 종   왈

春雨如膏나 行人은 惡其泥濘하고,
춘 우 여 고   행 인   오 기 이 녕

秋月揚輝나 盜者는 憎其照鑑이니라.
추 월 양 휘   도 자   증 기 조 감

낱말풀이

膏(기름 고) : 기름. 극히 귀중한 것을 표현하는 말. 惡(미
워할 오) : 미워하다. 泥濘(이녕) : 진흙길. 揚輝(양휘) : 빛을
드날림. 憎(미워할 증) : 증오하다.
照鑑(조감) : 비추어보다.

180

눈으로 바로 본 일도 다 사실로 믿기 어려운데 뒷
전에서 하는 말을 어찌 믿을 수 있단 말인가.

經目之事도 恐未皆眞이어늘
경 목 지 사   공 미 개 진

背後之言을 豈足深信이리오.
배 후 지 언   기 족 심 신

낱말풀이

經目(경목) : 눈을 거쳐감. 직접 눈으로 보는 것을 뜻함.

恐未(공미) : …이 아닐까 두렵다.

背後(배후) : 등뒤. 豈(어찌 기) : 「어찌. …하리오」의 뜻.

　장자가 말하기를, 형제란 수족과 같고 부부란 의
복과 같으니 의복이 찢어졌을 때에는 다시 새로 만
들어 입을 수도 있지만 수족이 한번 끊어지면 다시
잇기 어렵다.

莊子 曰,
장 자 왈,

兄弟는 爲手足이요, 夫婦는 爲衣服이니
형 제　　위 수 족　　　　부 부　　위 의 복

衣服破時에는 更得新이지만
의 복 파 시　　　갱 득 신

手足斷處에는 難可續이니라.
수 족 단 처　　　난 가 속

　낱말풀이

爲手足(위수족) : 손발이 됨. 손발과 같다.

更得新(갱득신) : 다시 새것을 얻는다.

續(이을 속) : 계속 되다.

수족 (手足)

왕촉이 말하기를, 충신은 두 임금을 섬기지 않고,
열녀는 남편을 바꿔 섬기지 않는다.

王蠋이 曰,
왕 촉   왈

忠臣은 不事二君이요,
충신   불 사 이 군

烈女는 不更二夫니라.
열 녀   불 경 이 부

낱말풀이

王蠋(왕촉) : 중국 전국시대(戰國時代) 제(齊)나라 사람. 연
(燕)나라 군대가 항복을 권유하자 충신은 두 임금을 섬기
지 않는다며 자결함. 事(섬길 사, 일 사) : 섬기다.

烈女(열녀) : 절개가 곧은 여자.

不更(불경) : 바꾸지 않는다. 갈아 들이지 않는다.

가는 길이 멀어야 타고 가는 말의 힘을 알 수 있고,
사귄 지가 오래되어야 그 사람의 마음을 알 수 있다.

路遙에 **知馬力**하고,
노 요   지 마 력

日久에 **見人心**이니라..
일 구   견 인 심

낱말풀이

路遙(노요) : 길이 멀다.
日久(일구) : 날이 오래 되다.

189

술이나 음식을 먹을 적에 형이니 아우니 하고 친하게 사귄 친구는 천 명이 있지만 위급한 환난을 당했을 때 도와주는 친구는 별로 없다.

酒食兄弟는 千個有지만
주 식 형 제　　천 개 유

急難之朋은 一個無니라.
급 난 지 붕　　일 개 무

낱말풀이

酒食(주식) : 술과 음식.

千個有(천개유) : 천명이나 있다.

急難(급난) : 위급한 환난.